ROMANCERO GITANO

Federico García Lorca

ROMANCERO GITANO

Ilustraciones de Juan Pintor

Prólogo de Pilar Távora

ESDRÚJULA
EDICIONES

{COLECCIÓN ETCÉTERA}

Primera edición, abril 2024

ESDRÚJULA EDICIONES
Calle Pintor Zuloaga 20, 18005 Granada
www.esdrujula.es
info@esdrujula.es

Edición a cargo de
Mariana Lozano Ortiz
Ilustración de cubierta: Juan Pintor
Maquetación: Noelia Cortés
Impresión: Centro Gráfico

Depósito legal: GR 528-2024

ISBN: 978-84-128442-6-9

En 1928 Ernesto Giménez Caballero
entrevistaba a Federico García Lorca:

—Dime más datos para tu solución de herencia.
—Yo no soy gitano.
—¿Qué eres?
—Andaluz, que no es igual, aun cuando
todos los andaluces seamos algo gitanos.
Mi gitanismo es un tema literario. Nada más.

Romancero Gitano

PRÓLOGO

Federico García Lorca (Fuente Vaqueros, 5 de junio de 1898 – camino de Víznar a Alfacar, 18 de agosto de 1936). Poeta y dramaturgo español, adscrito a la generación del 27.

Desde pequeño entra en contacto con las artes a través de la música y el dibujo. En 1915 comienza a estudiar Filosofía y Letras, así como Derecho, en la Universidad de Granada. Forma parte de El Rinconcillo, centro de reunión de los artistas granadinos donde conoce a Manuel de Falla. Entre 1916 y 1917 realiza una serie de viajes por España con sus compañeros de estudios, conociendo a Antonio Machado y que inspiran su primer libro *Impresiones y paisajes* (1918). En 1919 se traslada a Madrid y se instala en la Residencia de Estudiantes, coincidiendo con numerosos literatos e intelectuales. Allí, empieza a florecer su actividad literaria con la publicación de obras como *Libro de poemas* (1921) o *El maleficio de la mariposa* (1920).

Junto a un grupo de intelectuales granadinos funda en 1928 la revista *Gallo*, de la que solo salen dos ejemplares. En 1929 viaja a Nueva York, plasmando este viaje en *Poeta en Nueva York*, que se publicaría ya fallecido el autor en 1940. Dos años después funda el grupo teatral universitario La

Barraca, para acercar el teatro al pueblo mediante obras del Siglo de Oro.

Otro viaje a Buenos Aires en 1933 hace crecer más su popularidad con el estreno de *Bodas de Sangre* y a su vuelta a España un año después sigue publicando diversas obras como *Yerma* o *La casa de Bernarda Alba* (1936) hasta que en 1936, en su regreso a Granada tras las primeras revueltas previas a la guerra civil es detenido y fusilado por los sublevados.

En la actualidad Federico García Lorca es el poeta español más leído de todos los tiempos y el 11 de noviembre de 2008 la Biblioteca del Instituto Cervantes de Tokio fue inaugurada con el nombre de Federico García Lorca.

LORCA Y SU RAÍZ COSTUMBRISTA

Federico García Lorca es junto a Miguel de Cervantes el escritor español más universal y su libro *Romancero gitano* es la obra más traducida de todos los tiempos. El poeta granadino, asesinado por el fascismo en 1936, reivindica en su obra el derecho a la vida y al cuerpo.

La obra lorquiana posee un fuerte componente social. Federico siempre fue consciente de la distancia social entre su familia burguesa y el pueblo andaluz, que vivía en condiciones de pobreza y marginación y con quien él se relacionaba. Entre ese pueblo, estaban los gitanos andaluces que fueron para Lorca una gran e importante fuente de inspiración. Eran alienados dentro de una clase proletaria, trabajadora andaluza también alienada. En 1934 declaró: «Yo seré partidario de los que no tienen nada y hasta la nada se les niega». Estaba claramente al lado de estos marginados, donde Lorca encontraba cultura y sabiduría muy diferentes a las académicas, pero mucho más ricas para su mundo poético y humanista. De alguna manera, para Lorca la marginación del andaluz y del gitano andaluz formaba parte de otra marginación que él mismo sufría. No era nada fácil en aquellos tiempos, siendo una persona de clase burguesa y un poeta y artista de renombre, el poder hablar con libertad y expresar y sentir abiertamente su homosexualidad. No sentirse libre ayudaba a entender mejor a los que no lo eran, por causas distintas pero que no dejaban de condicionar la vida y la libertad.

Todo ello lo vuelca, como suelen hacer los artistas, en su obra: su frustración amorosa, su falta de libertad para expresar su sexualidad... y un tema constante en su obra: la muerte.

La relación de Lorca con la muerte es constante en su poesía y en su teatro a pesar de sus ganas de vivir, de su canto también a la vida, y aunque decía que si no se preocupó de nacer tampoco se preocupaba de morir, la muerte en Lorca no era un tema literario sino un sentimiento que rondaba constantemente por su interior y le dio forma física en su obra dramática. La Luna es esa figura que merodea por las noches del drama, por el dolor, por la pena. Lorca sentía que la pena andaluza es una lucha de la inteligencia amorosa con el misterio que la rodea y no puede comprender.

En toda su obra, pero especialmente en su trilogía dramática y en su *Romanero gitano* y *Poema del cante jondo*, la muerte adquiere un gran protagonismo. En sus poemas y en esa estrecha relación con la muerte, da la sensación de que presentía la suya, su trágica muerte y asesinato. No sabemos por dónde nos llegan las premoniciones, quizás a Lorca le llegaban a través de vías incomprensibles pero que volcaba en su obra.

En su conferencia sobre «Juego y teoría del duende» encontramos la vida y la muerte, el misterio y el gozo, pero afirma que solo en los sonidos negros, al filo de muerte, vive el duende.

Y el duende y el *Romancero gitano* tienen una comunicación directa. En el Romancero, Lorca trata de comunicarnos la «pena negra», una pena gitana casi imposible de transmitir con palabras y que él, magistralmente, supo hacer.

Las pisadas del miedo, de la represión y de la injusticia suenan con fuerza en el Romancero junto a su admiración por la belleza de la gente de color «cobre», por la belleza exterior e interior de un pueblo que se ha tenido que preocupar por la supervivencia y que ha sido capaz de sobrevivir gracias también al arte y a la sublimación de su dolor. El dolor del pueblo gitano andaluz se refleja en el *Romancero gitano* como quizás en ninguna otra obra poética. Podemos citar una muy poco conocida en la que también se refleja de forma magnífica: la obra poética de Helios Gómez.

La simbología en el *Romancero gitano* es extraordinaria, de una creatividad y una inteligencia singular. Es una obra que ha pasado a ser de las más significativas del siglo XX, al mismo tiempo que una de las más internacionales.

Lorca se refiere al Romancero como «el poema de Andalucía». Consideraba que el gitano era el que guarda el ascua, la sangre y el alfabeto de la verdad andaluza y universal. Y fue un rompimiento con la obra general de los poetas del 27. Rescató a un pueblo olvidado, un tema ignorado por el 27 y le dio luz y lo convirtió en poesía, pocas veces —o ninguna— se había escrito así sobre los gitanos. Es cierto —y no debemos ignorarlo— que a los gitanos que Lorca cantaba eran esos gitanos andaluces que tanto aportaban a la vida popular y al arte popular andaluz; familias de siglos enraizadas que nada tenían que ver con esa imagen general que se tenía de los gitanos en el mundo y en la propia España.

El *Romancero gitano* es una obra que rompe con tópicos y con estereotipos fijados no solo en aquella época, sino que llegan hasta nuestros días, y por la que Lorca llegó a tener algún problema con la justicia por el romance de «La Guardia Civil Española».

De sus dieciocho romances, el propio Federico dice: «El libro, en conjunto, aunque se llama gitano, es el poema de Andalucía, y lo llamo gitano porque el gitano es lo más elevado, lo más profundo, más aristocrático de mi país... Así pues, el libro es un retablo de la Andalucía, con gitanos, caballos, arcángeles, planetas, con su brisa judía, con su brisa romana, con ríos, con crímenes, con la nota vulgar del contrabandista, y la nota celeste de los niños desnudos de Córdoba que burlan a San Rafael. Un libro donde apenas si está expresada la Andalucía que se ve, pero donde está temblando la que no se ve. Y ahora lo voy a decir. Un libro antipintoresco, antifolklórico, antiflamenco. Donde no hay ni una chaquetilla corta ni un traje de torero, ni un sombrero plano ni una pandereta, donde las figuras sirven a fondos milenarios y donde no hay más que un solo personaje grande y oscuro como un cielo de estío, un solo personaje que es la Pena que se filtra en el tuétano de los huesos y en la savia de los árboles, y que no tiene nada que ver con la melancolía ni con la nostalgia ni con ninguna aflicción o dolencia de ánimo, que es un sentimiento más celeste que terrestre; pena andaluza que es una lucha de la inteligencia amorosa con el misterio que la rodea y no puede comprender».

Muy pocas veces hemos podido leer la definición de una obra poética realizada por su propio autor y más bella y acertada que esta. Lorca sabía y entendía todo ese universo que retrata en el Romancero porque ese universo vivía dentro de él, lo entendía y le dolía, más allá de que se tratara de una obra sobre «un tema». Por eso, estoy segura de que cuando él mismo se refiere a su propia lectura del Romancero lo hace de la siguiente forma: «He elegido para leer con pequeños comentarios el *Romancero gitano* no sólo por ser mi obra más popular, sino porque indudablemente es la que hasta ahora tiene más unidad y es donde mi rostro poético aparece por vez primera con personalidad propia, virgen de contacto con otro poeta y definitivamente dibujado».

Lorca confiesa que el Romancero no tiene influencia de ninguna corriente poética, de ningún otro poeta, y donde fluyen con personalidad propia no solo los poemas sino su propia alma.

Pero en este mundo, donde el encasillamiento estuvo siempre y está a la orden del día, donde las etiquetas se colocan sin más fundamento que la incultura y la desinformación, Lorca también fue víctima de etiquetas por su *Romancero gitano*, tanto que él mismo confesaba a un amigo «Me va molestando un poco mi mito de gitanería. Confunden mi vida y mi carácter. No quiero de ninguna manera. Los gitanos son un tema. Y nada más. Yo podía ser lo mismo poeta de agujas de coser o de paisajes hidráulicos. Además el gitanismo me da un tono de incultura, de falta de educación y de poeta salvaje que tú sabes bien no soy. No quiero que me encasillen. Siento que me van echando cadenas».

A pesar de esta confesión, posiblemente fruto momentáneo de la gran repercusión de su Romancero en el mundo y que el poeta podía sentir que diluía el resto de su variada obra, y me atrevo a decir, que la envida de algunos de sus contemporáneos menos afortunados en popularidad ayudaron a difundir, está claro que Lorca no podía entrar en esa contradicción de unir el gitanismo con un tono de incultura ni su Romancero con «poeta salvaje», lo que no quería eran cadenas, ataduras, etiquetas, frustraciones... esa marginación de la que hablábamos al principio y de la que el poeta estuvo intentando librarse durante toda su corta pero intensa vida y de la que se pudo liberar —en gran parte— gracias a la poesía, a la música, a la pintura... al ARTE con mayúsculas, que es lo que no solo redime a sus protagonistas y artistas sino a toda la humanidad.

Pilar Távora

INTRODUCCIÓN

ROMANCERO GITANO

El *Romancero gitano* fue publicada en 1928. En la década de los años veinte Lorca comienza a adquirir cierta fama con la obra de teatro *Mariana Pineda* pero es a partir de la publicación de su *Romancero Gitano* cuando se convierte en estrella pop del mundo literario.

Está compuesto por dieciocho romances con temas como la noche, la muerte, el cielo, la Luna. Todos los poemas tienen algo en común, tratan de la cultura gitana. Presenta una gran síntesis entre la poesía popular y la culta, transcurriendo entre dos motivos centrales: Andalucía y los gitanos, tratados de manera metafórica y mítica. La obra refleja las penas de un pueblo que vive al margen de la sociedad y que se siente perseguido por los representantes de la autoridad, y por su lucha contra esa autoridad. Sin embargo, el propio García Lorca señala que su interés se centra no en describir una situación concreta, sino en el choque que se da una y otra vez entre fuerzas encontradas: en un poema que describe la pugna entre la Guardia Civil y los gitanos, se les llama a estos bandos respectivamente «romanos» y «cartagineses», para dar a entender esa permanencia del conflicto. Federico García Lorca estiliza el mundo gitano, alejado del costumbrismo y tipismo folklórico.

ORÍGENES DEL POEMARIO

Las raíces del *Romancero gitano* se hallan en *Poema del cante jondo*, un poemario cuyo origen se remonta a 1921. Lorca llega al tema gitano a través del cante. Había crecido en ambiente propicio. «El padre de Lorca —dice José Monleón— era hombre a quien gustaba reunir guitarristas y cantaores tras la jornada del campo. Allí se cantaba y se hablaba de cante. Allí empezaría a oír Federico muchas de las cosas desarrolladas más tarde en sus famosas conferencias sobre el cante y sobre el duende. Allí conocería las primeras cosas de los futuros gitanos de su Romancero, las primeras imágenes de su *Poema de cante jondo*. Para el niño Federico debió quedar muy claro desde el principio que el cante era cosa seria, una dramaturgia del pueblo gitano-andaluz».

Ese año de 1921, Lorca comenzó a escribir versos de estilo popular y de ambientación andaluza. La influencia de Manuel de Falla en su creación es muy significativa, ya que fue él quien animó al poeta granadino a indagar en la esencia oculta y oscura del cante jondo. Será esta búsqueda la que le llevará indirectamente a introducirse en la cultura gitana, cuna de este arte (Herrero, 1990). El poemario se construye a partir de formas musicales como «la saeta», «la soleà» o la «seguiriya», que muestran al lector una Andalucía marcada por el dolor y la muerte.

El llanto amargo de estos cantes primitivos y la descripción del entorno y de los elementos naturales que los acompañan (la Luna, el río, las flores...) servirán de base para construir *Romancero gitano* (Paepe, 2000). Pero los protagonistas de este nuevo poemario ya no serán las criaturas sin sustancia del Cante Jondo, se convertirán en entidades sólidamente delineadas (Soufas, 2005). Podría considerarse «El diálogo del Amargo», añadido en 1925, por su métrica, su contenido y por la fuerza expresiva del personaje como uno de los enlaces más significativos entre los dos libros: «¡Ay, mandor de los civiles / que estás arriba en tu sala! / ¡No habrá pañuelos de seda / para limpiarme la cara». Este lamento trágico (que da fin al Cante Jondo) se traducirá en el Romancero en «la Pena Negra», que invade el mundo de los gitanos.

ESTRUCTURA DEL POEMARIO

El Romancero gitano fue publicado en julio de 1928 en la *Revista de Occidente*, aunque ya desde 1923 se habían difundido algunos de los poemas en revistas literarias y en recitales poéticos. El libro alcanzó tal éxito que en breve se realizó una segunda edición y, muy pocos años después, se editó en Argentina con algunas modificaciones. Es el poemario que más se difundió dentro de la Generación del 27 y el que consiguió mayor fama mundial tras la muerte del poeta.

La obra la integran dieciocho romances de extensión variable: los más breves de 36 versos como «La monja gitana» y «Romance de la luna» y el más largo el «Romance de la Guardia Civil» que alcanza los 124. Lumbreras (2012) propone la siguiente estructura para el poemario:

- El poema número uno (Romance de la luna, luna) es un romance-prólogo que simboliza el destino trágico de la raza gitana.
- Los romances dos, cuatro, cinco, seis y siete tienen protagonistas femeninas que representan el sufrimiento del pueblo gitano (Preciosa), que padecen frustración como «La monja gitana» o «La casada infiel» o que experimentan una pena existencial como Soledad Montoya.
- Los romances ocho, nueve y diez tratan sobre Granada, Córdoba y Sevilla respectivamente. Representan una trilogía de los arcángeles San Miguel, San Rafael y San Gabriel.
- Los romances tres, once, doce, trece y catorce están protagonizados por personajes masculinos y marcados por un destino trágico como el Camborio.
- El romance número quince «Romance de la Guardia Civil española» es un romance-epílogo, que simboliza la destrucción del universo gitano.

El poemario se cierra con tres romances históricos ambientados en el mundo paleocristiano, medieval y bíblico: «Martirio de Santa Olalla», «Burla de don Pedro a caballo» y «Thamar y Amnón». Se comprueba así que Lorca diseñó y configuró meticulosamente la estructura del libro para conseguir que la creación de mundo gitano adquiriera una total coherencia.

SIMBOLOGÍA DEL POEMARIO

Uno de los rasgos que mejor caracteriza la poesía de García Lorca es la rica imaginería con la que construye sus sensitivos versos. Para el autor granadino, el poeta tiene que ser profesor en los cinco sentidos corporales en este orden: vista, oído tacto, olfato y gusto. La explosión de colores, texturas, olores y la caracterización de los personajes que aparecen en poemarios como *Romancero gitano* conforman un complejo microcosmos cargado de simbolismo:

La Luna. En alguna ocasión solo aparece con un significado denotativo, pero es más frecuente que tenga valor simbólico relacionado con la muerte —con los distintos matices con que esta aparece en la obra— y la vida. Se asocia también con la fertilidad y la esterilidad. Está presente como protagonista en el «Romance de la luna, luna» y aparece también en el «Romance sonámbulo», «Romance de la Guardia Civil Española», «Muerto de amor» y «Thamar y Amnón». Las desgracias en estos poemas tienen a la Luna, con su palidez, como un elemento omnipresente y trágico asociado a la muerte. A veces su aparición va acompañada de la figura del jinete representando al hombre o destino humano que se dirige hacia esta. En otros casos, se asocian la Luna y el toro que intensifica el significado siniestro.

El viento. Ya en las mitologías primitivas era símbolo erótico. En el *Romancero Gitano* es, entre los elementos naturales, uno de los que más frecuentemente adquiere valor simbólico en sus diferentes manifestaciones: aire, brisa, vendaval. Es el símbolo del erotismo masculino. Suele presentarse cargado de sensualidad.

Los metales. Relacionados con el frío de los cadáveres y con la materia de los cuchillos, suelen tener connotaciones negativas, asociados a la muerte: puñales, cuchillos, agujas, alfileres, clavos... Los metales se caracterizan por su dureza pero también por su frialdad (la gitana muerta del «Romance sonámbulo» tiene «ojos de fría plata»). A veces, el bronce y el cobre se refieren al color de la piel de los gitanos («Cobre amarillo, su carne»).

El agua es símbolo de vida si corre libre, como el río que favorece los encuentros amorosos («La casada infiel»), pero muy frecuentemente tiene connotaciones negativas y alude a hechos trágicos. Suele ser escenario propicio para la frustración y muerte («Romance sonámbulo»). Relacionado con el agua está el simbolismo de los espejos en los que Lorca busca su propio ser: instintos, sueños, recuerdos y sentimientos.

El caballo. Muy relacionado con la vida de los gitanos, está muy presente en su poesía. En «Prendimiento de Antoñito el Camborio», la tarde que se va con: «una corta brisa, ecuestre, / salta los montes de plomo» y el cielo nocturno se ve: «Mientras el cielo reluce / como la grupa de un potro». También se ha reconocido al caballo lorquiano como símbolo sexual en el hombre, y asociado a la muerte.

El pez se relaciona con la atracción sexual y la pasión amorosa. Es frecuente también encontrar alusiones referidas al cambio de luz propio del amanecer.

Los bueyes expresan fuerza. La expresión «los densos bueyes del agua» ha sido tradicionalmente mal interpretada. Dice Siebemann en su conferencia sobre «La imagen poética en Góngora»: dice Lorca que en los campos de Granada llaman un «buey de agua» a un cauce profundo que discurre lento, y que ha oído decir a un labrador de Granada que «a los mimbres les gusta estar siempre en la "lengua" del río». Es pues un error interpretar como metafórico o simbólico algo que es de origen popular.

El toro tiene una significación trágica, y está asociado a la sangre y al dolor. En «Reyerta»: El toro de la reyerta / se sube por las paredes.

La zumaya es ave que anuncia tragedias, en el «Romance de la luna, luna»: Cómo canta la zumaya / ¡ay, cómo canta en el árbol!.

El lirio simboliza pureza y se asocia a la Virgen María («San Gabriel»).

La mimbre, la «vara de mimbre» de «Antoñito el Camborio» simboliza la nobleza y el poder.

Las rosas simbolizan la pasión («Muerto de amor»), pero también pueden ser imagen de dolor y muerte.

El limón en el «Romance de la pena negra» (Lloras zumo de limón / agrio de espera y de boca). En «Prendimiento de Antoñito el Camborio» menciona la acidez del limón por el presentimiento que tiene en el momento de marchar a Sevilla.

Las adelfas, cicutas, ortigas son también de mal agüero.

El verde. Es sin duda el color más destacado en sus poemas. Está presente en el «Romancero sonámbulo», «Preciosa y el aire», «Martirio de Santa Olalla» y «Reyerta». El verde del «Romance sonámbulo» se caracteriza por presentar un doble significado: por un lado, al inicio del poema, significación de vida, de naturaleza exuberante; por otro, muestra un reiterado simbolismo de muerte, en el verde posado sobre la carne y el pelo de la gitana (Sobre el rostro del aljibe / se mecía la gitana. / Verde carne, pelo verde / con ojos de fría plata). Con el mismo matiz simbólico de muerte, reaparece en el «Martirio de Santa Olalla». Y como presagio lo vemos en «Reyerta» (Una dura luz de naipe / recorta en el agrio verde). Finalmente, nos encontramos con una acepción erótica en «Preciosa y el aire», donde surge el viento verde persigue lujurioso a la gitana.

El negro. En el «Romance de la pena negra» el color negro asociado a los ángeles es presagio de muerte. En el «Romance de la pena negra» domina la desesperación de la la gitana. En el «Romance de la Guardia Civil» se repite la connotación de muerte, al igual que en el «Martirio de Santa Olalla».

El amarillo. Mientras que en la tradición emblemática el amarillo se asocia a vejez y desengaño, en el Romancero Gitano tiene un significado muy distinto al tradicional. Por ejemplo, en «Muerto de amor», implica un significado de trágico presagio, mientras que en el «Romance de la pena negra» tiene connotaciones eróticas.

El blanco. Otro ejemplo de que Lorca reelabora a su modo los símbolos existentes en la tradición popular: frente al matiz de tristeza o pureza asociados tradicionalmente a este color, en el «Romance de la luna, luna», el color blanco de la luna, adquiere el significado de muerte. En cambio, en el «Martirio de Santa Olalla», su constante presencia se asocia con la vida eterna.

El rojo. En vez de pasión amorosa, se relaciona con la sangre, por ejemplo, en «Muerte de Antoñito el Camborio»: «Bañó con sangre enemiga / su corbata carmesí».

Juan Pintor

ROMANCERO
GITANO

Romance de la luna, luna

A Conchita García Lorca

La luna vino a la fragua
con su polisón de nardos.
El niño la mira mira.
El niño la está mirando.
En el aire conmovido
mueve la luna sus brazos
y enseña, lúbrica y pura,
sus senos de duro estaño.
Huye luna, luna, luna.
Si vinieran los gitanos,
harían con tu corazón
collares y anillos blancos.
Niño, déjame que baile.
Cuando vengan los gitanos,
te encontrarán sobre el yunque
con los ojillos cerrados.
Huye luna, luna, luna,
que ya siento sus caballos.
Niño, déjame, no pises
mi blancor almidonado.

El jinete se acercaba
tocando el tambor del llano.
Dentro de la fragua el niño,
tiene los ojos cerrados.

Por el olivar venían,
bronce y sueño, los gitanos.
Las cabezas levantadas
y los ojos entornados.

Cómo canta la zumaya,
¡ay cómo canta en el árbol!
Por el cielo va la luna
con un niño de la mano.

Dentro de la fragua lloran,
dando gritos, los gitanos.
El aire la vela, vela.
El aire la está velando.

Preciosa y el aire

A Dámaso Alonso

Su luna de pergamino
Preciosa tocando viene
por un anfibio sendero
de cristales y laureles.
El silencio sin estrellas,
huyendo del sonsonete,
cae donde el mar bate y canta
su noche llena de peces.
En los picos de la sierra
los carabineros duermen
guardando las blancas torres
donde viven los ingleses.
Y los gitanos del agua
levantan por distraerse,
glorietas de caracolas
y ramas de pino verde.

***

Su luna de pergamino
Preciosa tocando viene.
Al verla se ha levantado
el viento que nunca duerme.
San Cristobalón desnudo,
lleno de lenguas celestes,
mira a la niña tocando

una dulce gaita ausente.
Niña, deja que levante
tu vestido para verte.
Abre en mis dedos antiguos
la rosa azul de tu vientre.

Preciosa tira el pandero
y corre sin detenerse.
El viento-hombrón la persigue
con una espada caliente.

Frunce su rumor el mar.
Los olivos palidecen.
Cantan las flautas de umbría
y el liso gong de la nieve.

¡Preciosa, corre, Preciosa,
que te coge el viento verde!
¡Preciosa, corre, Preciosa!
¡Míralo por dónde viene!
Sátiro de estrellas bajas
con sus lenguas relucientes.

***

Preciosa, llena de miedo,
entra en la casa que tiene,
más arriba de los pinos,
el cónsul de los ingleses.

Asustados por los gritos
tres carabineros vienen,
sus negras capas ceñidas
y los gorros en las sienes.
El inglés da a la gitana
un vaso de tibia leche,
y una copa de ginebra
que Preciosa no se bebe.

Y mientras cuenta, llorando,
su aventura a aquella gente,
en las tejas de pizarra
el viento, furioso, muerde.

G

Reyerta

A Rafael Méndez

En la mitad del barranco
las navajas de Albacete,
bellas de sangre contraria,
relucen como los peces.
Una dura luz de naipe
recorta en el agrio verde,
caballos enfurecidos
y perfiles de jinetes.
En la copa de un olivo
lloran dos viejas mujeres.
El toro de la reyerta
se sube por las paredes.
Ángeles negros traían
pañuelos y agua de nieve.
Ángeles con grandes alas
de navajas de Albacete.
Juan Antonio el de Montilla
rueda muerto la pendiente,
su cuerpo lleno de lirios
y una granada en las sienes.
Ahora monta cruz de fuego,
carretera de la muerte.

***

El juez, con guardia civil,
por los olivares viene.

Sangre resbalada gime
muda canción de serpiente.
Señores guardias civiles:
aquí pasó lo de siempre.
Han muerto cuatro romanos
y cinco cartagineses.

***

La tarde loca de higueras
y de rumores calientes
cae desmayada en los muslos
heridos de los jinetes.
Y ángeles negros volaban
por el aire del poniente.
Ángeles de largas trenzas
y corazones de aceite.

Romance sonámbulo

A Gloria Giner
y Fernando de los Ríos

Verde que te quiero verde.
Verde viento. Verdes ramas.
El barco sobre la mar
y el caballo en la montaña.
Con la sombra en la cintura
ella sueña en su baranda,
verde carne, pelo verde,
con ojos de fría plata.
Verde que te quiero verde.
Bajo la luna gitana,
las cosas la están mirando
y ella no puede mirarlas.

***

Verde que te quiero verde.
Grandes estrellas de escarcha,
vienen con el pez de sombra
que abre el camino del alba.
La higuera frota su viento
con la lija de sus ramas,
y el monte, gato garduño,
eriza sus pitas agrias.
¿Pero quién vendrá? ¿Y por dónde...?
Ella sigue en su baranda,

verde carne, pelo verde,
soñando en la mar amarga.
Compadre, quiero cambiar
mi caballo por su casa,
mi montura por su espejo,
mi cuchillo por su manta.
Compadre, vengo sangrando,
desde los puertos de Cabra.
Si yo pudiera, mocito,
ese trato se cerraba.
Pero yo ya no soy yo,
ni mi casa es ya mi casa.
Compadre, quiero morir
decentemente en mi cama.
De acero, si puede ser,
con las sábanas de holanda.
¿No ves la herida que tengo
desde el pecho a la garganta?
Trescientas rosas morenas
lleva tu pechera blanca.
Tu sangre rezuma y huele
alrededor de tu faja.
Pero yo ya no soy yo,
ni mi casa es ya mi casa.
Dejadme subir al menos
hasta las altas barandas,
¡dejadme subir!, dejadme
hasta las verdes barandas.
Barandales de la luna
por donde retumba el agua.

***

Ya suben los dos compadres
hacia las altas barandas.
Dejando un rastro de sangre.
Dejando un rastro de lágrimas.
Temblaban en los tejados
farolillos de hojalata.
Mil panderos de cristal,
herían la madrugada.

***

Verde que te quiero verde,
verde viento, verdes ramas.
Los dos compadres subieron.
El largo viento, dejaba
en la boca un raro gusto
de hiel, de menta y de albahaca.
¡Compadre! ¿Dónde está, dime?
¿Dónde está tu niña amarga?
¡Cuántas veces te esperó!
¡Cuántas veces te esperara,
cara fresca, negro pelo,
en esta verde baranda!

***

Sobre el rostro del aljibe
se mecía la gitana.

Verde carne, pelo verde,
con ojos de fría plata.
Un carámbano de luna
la sostiene sobre el agua.
La noche se puso íntima
como una pequeña plaza.
Guardias civiles borrachos
en la puerta golpeaban.
Verde que te quiero verde.
Verde viento. Verdes ramas.
El barco sobre la mar.
Y el caballo en la montaña.

La monja gitana

A José Moreno Villa

Silencio de cal y mirto.
Malvas en las hierbas finas.
La monja borda alhelíes
sobre una tela pajiza.
Vuelan en la araña gris,
siete pájaros del prisma.
La iglesia gruñe a lo lejos
como un oso panza arriba.
¡Qué bien borda! ¡Con qué gracia!
Sobre la tela pajiza,
ella quisiera bordar
flores de su fantasía.
¡Qué girasol! ¡Qué magnolia
de lentejuelas y cintas!
¡Qué azafranes y qué lunas,
en el mantel de la misa!
Cinco toronjas se endulzan
en la cercana cocina.
Las cinco llagas de Cristo
cortadas en Almería.
Por los ojos de la monja
galopan dos caballistas.
Un rumor último y sordo
le despega la camisa,
y al mirar nubes y montes
en las yertas lejanías,

se quiebra su corazón
de azúcar y yerbaluisa.
¡Oh!, qué llanura empinada
con veinte soles arriba.
¡Qué ríos puestos de pie
vislumbra su fantasía!
Pero sigue con sus flores,
mientras que de pie, en la brisa,
la luz juega el ajedrez
alto de la celosía.

La casada infiel

A Lydia Cabrera
y a su negrita

Y que yo me la llevé al río
creyendo que era mozuela,
pero tenía marido.
Fue la noche de Santiago
y casi por compromiso.
Se apagaron los faroles
y se encendieron los grillos.
En las últimas esquinas
toqué sus pechos dormidos,
y se me abrieron de pronto
como ramos de jacintos.
El almidón de su enagua
me sonaba en el oído,
como una pieza de seda
rasgada por diez cuchillos.
Sin luz de plata en sus copas
los árboles han crecido,
y un horizonte de perros
ladra muy lejos del río.

***

Pasadas las zarzamoras,
los juncos y los espinos,
bajo su mata de pelo

hice un hoyo sobre el limo.
Yo me quité la corbata.
Ella se quitó el vestido.
Yo el cinturón con revólver.
Ella sus cuatro corpiños.
Ni nardos ni caracolas
tienen el cutis tan fino,
ni los cristales con luna
relumbran con ese brillo.
Sus muslos se me escapaban
como peces sorprendidos,
la mitad llenos de lumbre
la mitad llenos de frío.
Aquella noche corrí
el mejor de los caminos,
montado en potra de nácar
sin bridas y sin estribos.
No quiero decir, por hombre,
las cosas que ella me dijo.
La luz del entendimiento
me hace ser muy comedido.
Sucia de besos y arena,
yo me la llevé del río.
Con el aire se batían
las espadas de los lirios.
Me porté como quien soy.
Como un gitano legítimo.
La regalé un costurero
grande de raso pajizo,
y no quise enamorarme

porque teniendo marido
me dijo que era mozuela
cuando la llevaba al río.

Romance de la pena negra

A José Navarro Pardo

Las piquetas de los gallos
cavan buscando la aurora,
cuando por el monte oscuro
baja Soledad Montoya.
Cobre amarillo, su carne,
huele a caballo y a sombra.
Yunques ahumados sus pechos,
gimen canciones redondas.
Soledad, ¿por quién preguntas
sin compaña y a estas horas?
Pregunte por quien pregunte,
dime: ¿a ti qué se te importa?
Vengo a buscar lo que busco,
mi alegría y mi persona.
Soledad de mis pesares,
caballo que se desboca,
al fin encuentra la mar
y se lo tragan las olas.
No me recuerdes el mar,
que la pena negra, brota
en las tierras de aceituna
bajo el rumor de las hojas.
¡Soledad, qué pena tienes!
¡Qué pena tan lastimosa!
Lloras zumo de limón
agrio de espera y de boca.

¡Qué pena tan grande! Corro
mi casa como una loca,
mis dos trenzas por el suelo,
de la cocina a la alcoba.
¡Qué pena! Me estoy poniendo
de azabache, carne y ropa.
¡Ay mis camisas de hilo!
¡Ay mis muslos de amapola!
Soledad: lava tu cuerpo
con agua de las alondras,
y deja tu corazón
en paz, Soledad Montoya.

***

Por abajo canta el río:
volante de cielo y hojas.
Con flores de calabaza,
la nueva luz se corona.
¡Oh pena de los gitanos!
Pena limpia y siempre sola.
¡Oh pena de cauce oculto
y madrugada remota!

San Miguel
(Granada)

A Diego Buigas de Dalmáu

Se ven desde las barandas,
por el monte, monte, monte,
mulos y sombras de mulos
cargados de girasoles.

Sus ojos en las umbrías
se empañan de inmensa noche.
En los recodos del aire,
cruje la aurora salobre.

Un cielo de mulos blancos
cierra sus ojos de azogue
dando a la quieta penumbra
un final de corazones.
Y el agua se pone fría
para que nadie la toque.
Agua loca y descubierta
por el monte, monte, monte.

***

San Miguel lleno de encajes
en la alcoba de su torre,
enseña sus bellos muslos
ceñidos por los faroles.

Arcángel domesticado
en el gesto de las doce,
finge una cólera dulce
de plumas y ruiseñores.
San Miguel canta en los vidrios;
efebo de tres mil noches,
fragante de agua colonia
y lejano de las flores.

***

El mar baila por la playa,
un poema de balcones.
Las orillas de la luna
pierden juncos, ganan voces.
Vienen manolas comiendo
semillas de girasoles,
los culos grandes y ocultos
como planetas de cobre.
Vienen altos caballeros
y damas de triste porte,
morenas por la nostalgia
de un ayer de ruiseñores.
Y el obispo de Manila,
ciego de azafrán y pobre,
dice misa con dos filos
para mujeres y hombres.

***

San Miguel se estaba quieto
en la alcoba de su torre,
con las enaguas cuajadas
de espejitos y entredoses.

San Miguel, rey de los globos
y de los números nones,
en el primor berberisco
de gritos y miradores.

San Rafael
(Córdoba)

A Juan Izquierdo Croselles

I

Coches cerrados llegaban
a las orillas de juncos
donde las ondas alisan
romano torso desnudo.
Coches, que el Guadalquivir
tiende en su cristal maduro,
entre láminas de flores
y resonancias de nublos.
Los niños tejen y cantan
el desengaño del mundo,
cerca de los viejos coches
perdidos en el nocturno.
Pero Córdoba no tiembla
bajo el misterio confuso,
pues si la sombra levanta
la arquitectura del humo,
un pie de mármol afirma
su casto fulgor enjuto.
Pétalos de lata débil
recaman los grises puros
de la brisa, desplegada
sobre los arcos de triunfo.
Y mientras el puente sopla

diez rumores de Neptuno,
vendedores de tabaco
huyen por el roto muro.

II

Un solo pez en el agua
que a las dos Córdobas junta:
Blanda Córdoba de juncos.
Córdoba de arquitectura.
Niños de cara impasible
en la orilla se desnudan,
aprendices de Tobías
y Merlines de cintura,
para fastidiar al pez
en irónica pregunta
si quiere flores de vino
o saltos de media luna.
Pero el pez, que dora el agua
y los mármoles enluta,
les da lección y equilibrio
de solitaria columna.
El Arcángel aljamiado
de lentejuelas oscuras,
en el mitin de las ondas
buscaba rumor y cuna.

***

Un solo pez en el agua.
Dos Córdobas de hermosura.
Córdoba quebrada en chorros.
Celeste Córdoba enjuta.

San Gabriel
(Sevilla)

A D. Agustín Viñuales

I

Un bello niño de junco,
anchos hombros, fino talle
piel de nocturna manzana,
boca triste y ojos grandes,
nervio de plata caliente,
ronda la desierta calle.
Sus zapatos de charol
rompen las dalias del aire,
con los dos ritmos que cantan
breves lutos celestiales.
En la ribera del mar
no hay palma que se le iguale,
ni emperador coronado
ni lucero caminante.
Cuando la cabeza inclina
sobre su pecho de jaspe,
la noche busca llanuras
porque quiere arrodillarse.
Las guitarras suenan solas
para San Gabriel Arcángel,
domador de palomillas
y enemigo de los sauces.
San Gabriel: El niño llora

en el vientre de su madre.
No olvides que los gitanos
te regalaron el traje.

II

Anunciación de los Reyes,
bien lunada y mal vestida,
abre la puerta al lucero
que por la calle venía.
El Arcángel San Gabriel,
entre azucena y sonrisa,
bisnieto de la Giralda,
se acercaba de visita.
En su chaleco bordado
grillos ocultos palpitan.
Las estrellas de la noche
se volvieron campanillas.
San Gabriel: Aquí me tienes
con tres clavos de alegría.
Tu fulgor abre jazmines
sobre mi cara encendida.
Dios te salve, Anunciación.
Morena de maravilla.
Tendrás un niño más bello
que los tallos de la brisa.
¡Ay San Gabriel de mis ojos!
¡Gabrielillo de mi vida!
Para sentarte yo sueño

un sillón de clavelinas.
Dios te salve, Anunciación,
bien lunada y mal vestida.
Tu niño tendrá en el pecho
un lunar y tres heridas.
¡Ay San Gabriel que reluces!
¡Gabrielillo de mi vida!
En el fondo de mis pechos
ya nace la leche tibia.
Dios te salve, Anunciación.
Madre de cien dinastías.
Áridos lucen tus ojos,
paisajes de caballista.

***

El niño canta en el seno
de Anunciación sorprendida.
Tres balas de almendra verde
tiemblan en su vocecita.
Ya San Gabriel en el aire
por una escala subía.
Las estrellas de la noche
se volvieron siemprevivas.

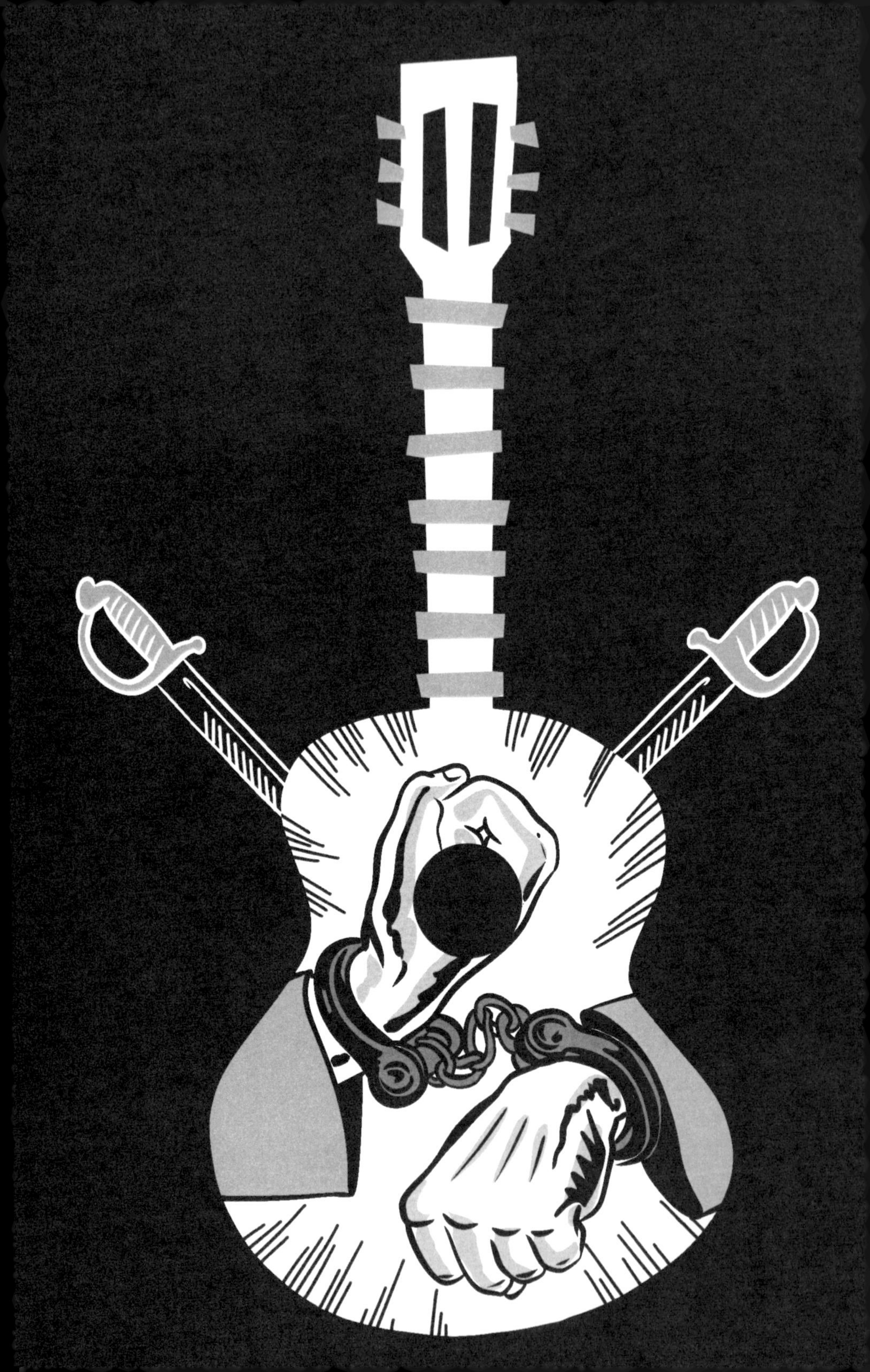

Prendimiento de Antoñito el Camborio en el camino de Sevilla

A Margarita Xirgu

Antonio Torres Heredia,
hijo y nieto de Camborios,
con una vara de mimbre
va a Sevilla a ver los toros.
Moreno de verde luna
anda despacio y garboso.
Sus empavonados bucles
le brillan entre los ojos.
A la mitad del camino
cortó limones redondos,
y los fue tirando al agua
hasta que la puso de oro.
Y a la mitad del camino,
bajo las ramas de un olmo,
guardia civil caminera
lo llevó codo con codo.

***

El día se va despacio,
la tarde colgada a un hombro,
dando una larga torera
sobre el mar y los arroyos.
Las aceitunas aguardan
la noche de Capricornio,

y una corta brisa, ecuestre,
salta los montes de plomo.
Antonio Torres Heredia,
hijo y nieto de Camborios,
viene sin vara de mimbre
entre los cinco tricornios.

Antonio, ¿quién eres tú?
Si te llamaras Camborio,
hubieras hecho una fuente
de sangre con cinco chorros.
Ni tú eres hijo de nadie,
ni legítimo Camborio.
¡Se acabaron los gitanos
que iban por el monte solos!
Están los viejos cuchillos
tiritando bajo el polvo.

A las nueve de la noche
lo llevan al calabozo,
mientras los guardias civiles
beben limonada todos.
Y a las nueve de la noche
le cierran el calabozo,
mientras el cielo reluce
como la grupa de un potro.

Muerte de Antoñito el Camborio

A José Antonio Rubio Sacristán

Voces de muerte sonaron
cerca del Guadalquivir.
Voces antiguas que cercan
voz de clavel varonil.
Les clavó sobre las botas
mordiscos de jabalí.
En la lucha daba saltos
jabonados de delfín.
Bañó con sangre enemiga
su corbata carmesí,
pero eran cuatro puñales
y tuvo que sucumbir.
Cuando las estrellas clavan
rejones al agua gris,
cuando los erales sueñan
verónicas de alhelí,
voces de muerte sonaron
cerca del Guadalquivir.

***

Antonio Torres Heredia.
Camborio de dura crin,
moreno de verde luna,
voz de clavel varonil:
¿Quién te ha quitado la vida
cerca del Guadalquivir?

Mis cuatro primos Heredias
hijos de Benamejí.
Lo que en otros no envidiaban,
ya lo envidiaban en mí.
Zapatos color corinto,
medallones de marfil,
y este cutis amasado
con aceituna y jazmín.
¡Ay Antoñito el Camborio,
digno de una Emperatriz!
Acuérdate de la Virgen
porque te vas a morir.
¡Ay Federico García,
llama a la Guardia Civil!
Ya mi talle se ha quebrado
como caña de maíz.

Tres golpes de sangre tuvo
y se murió de perfil.
Viva moneda que nunca
se volverá a repetir.
Un ángel marchoso pone
su cabeza en un cojín.
Otros de rubor cansado,
encendieron un candil.
Y cuando los cuatro primos
llegan a Benamejí,
voces de muerte cesaron
cerca del Guadalquivir.

Muerto de amor

A Margarita Manso

¿Qué es aquello que reluce
por los altos corredores?
Cierra la puerta, hijo mío,
acaban de dar las once.
En mis ojos, sin querer,
relumbran cuatro faroles.
Será que la gente aquella
estará fregando el cobre.

***

Ajo de agónica plata
la luna menguante, pone
cabelleras amarillas
a las amarillas torres.
La noche llama temblando
al cristal de los balcones,
perseguida por los mil
perros que no la conocen,
y un olor de vino y ámbar
viene de los corredores.

***

Brisas de caña mojada
y rumor de viejas voces,

resonaban por el arco
roto de la media noche.
Bueyes y rosas dormían.
Sólo por los corredores
las cuatro luces clamaban
con el furor de San Jorge.
Tristes mujeres del valle
bajaban su sangre de hombre,
tranquila de flor cortada
y amarga de muslo joven.
Viejas mujeres del río
lloraban al pie del monte,
un minuto intransitable
de cabelleras y nombres.
Fachadas de cal, ponían
cuadrada y blanca la noche.
Serafines y gitanos
tocaban acordeones.
Madre, cuando yo me muera,
que se enteren los señores.
Pon telegramas azules
que vayan del Sur al Norte.
Siete gritos, siete sangres,
siete adormideras dobles,
quebraron opacas lunas
en los oscuros salones.
Lleno de manos cortadas
y coronitas de flores,
el mar de los juramentos
resonaba, no sé dónde.

Y el cielo daba portazos
al brusco rumor del bosque,
mientras clamaban las luces
en los altos corredores.

13

Romance del emplazado

Para Emilio Aladrén

¡Mi soledad sin descanso!
Ojos chicos de mi cuerpo
y grandes de mi caballo,
no se cierran por la noche
ni miran al otro lado
donde se aleja tranquilo
un sueño de trece barcos.
Sino que limpios y duros
escuderos desvelados,
mis ojos miran un norte
de metales y peñascos
donde mi cuerpo sin venas
consulta naipes helados.

***

Los densos bueyes del agua
embisten a los muchachos
que se bañan en las lunas
de sus cuernos ondulados.
Y los martillos cantaban
sobre los yunques sonámbulos,
el insomnio del jinete
y el insomnio del caballo.

***

El veinticinco de junio
le dijeron a el Amargo:
Ya puedes cortar si gustas
las adelfas de tu patio.
Pinta una cruz en la puerta
y pon tu nombre debajo,
porque cicutas y ortigas
nacerán en tu costado,
y agujas de cal mojada
te morderán los zapatos.
Será de noche, en lo oscuro,
por los montes imantados,
donde los bueyes del agua
beben los juncos soñando.
Pide luces y campanas.
Aprende a cruzar las manos,
y gusta los aires fríos
de metales y peñascos.
Porque dentro de dos meses
yacerás amortajado.

***

Espadón de nebulosa
mueve en el aire Santiago.
Grave silencio, de espalda,
manaba el cielo combado.

***

El veinticinco de junio
abrió sus ojos Amargo,

y el veinticinco de agosto
se tendió para cerrarlos.
Hombres bajaban la calle
para ver al emplazado,
que fijaba sobre el muro
su soledad con descanso.
Y la sábana impecable,
de duro acento romano,
daba equilibrio a la muerte
con las rectas de sus paños.

Romance de la Guardia Civil española

A Juan Guerrero.
Cónsul general de la Poesía

Los caballos negros son.
Las herraduras son negras.
Sobre las capas relucen
manchas de tinta y de cera.
Tienen, por eso no lloran,
de plomo las calaveras.
Con el alma de charol
vienen por la carretera.
Jorobados y nocturnos,
por donde animan ordenan
silencios de goma oscura
y miedos de fina arena.
Pasan, si quieren pasar,
y ocultan en la cabeza
una vaga astronomía
de pistolas inconcretas.

***

¡Oh ciudad de los gitanos!
En las esquinas banderas.
La luna y la calabaza
con las guindas en conserva.
¡Oh ciudad de los gitanos!
¿Quién te vio y no te recuerda?

Ciudad de dolor y almizcle,
con las torres de canela.

***

Cuando llegaba la noche,
noche que noche nochera,
los gitanos en sus fraguas
forjaban soles y flechas.
Un caballo malherido,
llamaba a todas las puertas.
Gallos de vidrio cantaban
por Jerez de la Frontera.
El viento, vuelve desnudo
la esquina de la sorpresa,
en la noche platinoche
noche, que noche nochera.

***

La Virgen y San José
perdieron sus castañuelas,
y buscan a los gitanos
para ver si las encuentran.
La Virgen viene vestida,
con un traje de alcaldesa
de papel de chocolate
con los collares de almendras.
San José mueve los brazos
bajo una capa de seda.

Detrás va Pedro Domecq
con tres sultanes de Persia.
La media luna, soñaba
un éxtasis de cigüeña.
Estandartes y faroles
invaden las azoteas.
Por los espejos sollozan
bailarinas sin caderas.
Agua y sombra, sombra y agua
por Jerez de la Frontera.

***

¡Oh ciudad de los gitanos!
En las esquinas banderas.
Apaga tus verdes luces
que viene la benemérita.
¡Oh ciudad de los gitanos!
¿Quién te vio y no te recuerda?
Dejadla lejos del mar,
sin peines para sus crenchas.

***

Avanzan de dos en fondo
a la ciudad de la fiesta.
Un rumor de siemprevivas
invade las cartucheras.
Avanzan de dos en fondo.
Doble nocturno de tela.

El cielo, se les antoja,
una vitrina de espuelas.

***

La ciudad libre de miedo,
multiplicaba sus puertas.
Cuarenta guardias civiles
entran a saco por ellas.
Los relojes se pararon,
y el coñac de las botellas
se disfrazó de noviembre
para no infundir sospechas.
Un vuelo de gritos largos
se levantó en las veletas.
Los sables cortan las brisas
que los cascos atropellan.
Por las calles de penumbra,
huyen las gitanas viejas
con los caballos dormidos
y las orzas de monedas.
Por las calles empinadas
suben las capas siniestras,
dejando atrás fugaces
remolinos de tijeras.
En el Portal de Belén
los gitanos se congregan.
San José, lleno de heridas,
amortaja a una doncella.
Tercos fusiles agudos
por toda la noche suenan.

La Virgen cura a los niños
con salivilla de estrella.
Pero la Guardia Civil
avanza sembrando hogueras,
donde joven y desnuda
la imaginación se quema.
Rosa la de los Camborios,
gime sentada en su puerta
con sus dos pechos cortados
puestos en una bandeja.
Y otras muchachas corrían
perseguidas por sus trenzas,
en un aire donde estallan
rosas de pólvora negra.
Cuando todos los tejados
eran surcos en la tierra,
el alba meció sus hombro
en largo perfil de piedra.

***

¡Oh ciudad de los gitanos!
La Guardia Civil se aleja
por un túnel de silencio
mientras las llamas te cercan.
¡Oh ciudad de los gitanos!
¿Quién te vio y no te recuerda?
Que te busquen en mi frente.
Juego de luna y arena.

Tres romances históricos

Martirio de Santa Olalla

A Rafael Martínez Nadal

I

Panorama de Mérida

Por la calle brinca y corre
caballo de larga cola,
mientras juegan o dormitan
viejos soldados de Roma.
Medio monte de Minervas
abre sus brazos sin hojas.
Agua en vilo redoraba
las aristas de las rocas.
Noche de torsos yacentes
y estrellas de nariz rota,
aguarda grietas del alba
para derrumbarse toda.
De cuando en cuando sonaban
blasfemias de cresta roja.
Al gemir, la santa niña
quiebra el cristal de las copas.
La rueda afila cuchillos
y garfios de aguda comba:
Brama el toro de los yunques,
y Mérida se corona
de nardos casi despiertos
y tallos de zarzamora.

II

El martirio

Flora desnuda se sube
por escalerillas de agua.
El Cónsul pide bandeja
para los senos de Olalla.
Un chorro de venas verdes
le brota de la garganta.
Su sexo tiembla enredado
como un pájaro en las zarzas.
Por el suelo, ya sin norma,
brincan sus manos cortadas
que aun pueden cruzarse en tenue
oración decapitada.
Por los rojos agujeros
donde sus pechos estaban
se ven cielos diminutos
y arroyos de leche blanca.
Mil arbolillos de sangre
le cubren toda la espalda
y oponen húmedos troncos
al bisturí de las llamas.
Centuriones amarillos
de carne gris, desvelada,
llegan al cielo sonando
sus armaduras de plata.
Y mientras vibra confusa
pasión de crines y espadas,
el Cónsul porta en bandeja
senos ahumados de Olalla.

III
Infierno y gloria

Nieve ondulada reposa.
Olalla pende del árbol.
Su desnudo de carbón
tizna los aires helados.
Noche tirante reluce.
Olalla muerta en el árbol.
Tinteros de las ciudades
vuelcan la tinta despacio.
Negros maniquíes de sastre
cubren la nieve del campo,
en largas filas que gimen
su silencio mutilado.
Nieve partida comienza.
Olalla blanca en el árbol.
Escuadras de níquel juntan
los picos en su costado.

***

Una Custodia reluce
sobre los cielos quemados,
entre gargantas de arroyo
y ruiseñores en ramos.
¡Saltan vidrios de colores!
Olalla blanca en lo blanco.
Ángeles y serafines
dicen: Santo, Santo, Santo.

Burla de don Pedro a caballo
Romance con lagunas

A Jean Cassou

Romance de don Pedro a caballo

Por una vereda
venía Don Pedro.
¡Ay cómo lloraba
el caballero!
Montado en un ágil
caballo sin freno,
venía en la busca
del pan y del beso.
Todas las ventanas
preguntan al viento,
por el llanto oscuro
del caballero.

Primera laguna

Bajo el agua
siguen las palabras.
Sobre el agua
una luna redonda
se baña,
dando envidia a la otra
¡tan alta!

En la orilla,
un niño,
ve las lunas y dice:
—¡Noche; toca los platillos!

Sigue

A una ciudad lejana
ha llegado Don Pedro.
Una ciudad lejana
entre un bosque de cedros.
¿Es Belén? Por el aire
yerbaluisa y romero.
Brillan las azoteas
y las nubes. Don Pedro
pasa por arcos rotos.
Dos mujeres y un viejo
con velones de plata
le salen al encuentro.
Los chopos dicen: No.
Y el ruiseñor: Veremos.

Segunda laguna

Bajo el agua
siguen las palabras.
Sobre el peinado del agua
un círculo de pájaros y llamas.
Y por los cañaverales,

testigos que conocen lo que falta.
Sueño concreto y sin norte
de madera de guitarra.

Sigue

Por el camino llano
dos mujeres y un viejo
con velones de plata
van al cementerio.
Entre los azafranes
han encontrado muerto
el sombrío caballo
de Don Pedro.
Voz secreta de tarde
balaba por el cielo.
Unicornio de ausencia
rompe en cristal su cuerno.
La gran ciudad lejana
está ardiendo
y un hombre va llorando
tierras adentro.
Al Norte hay una estrella.
Al Sur un marinero.

Última laguna

Bajo el agua
están las palabras.

Limo de voces perdidas.
Sobre la flor enfriada,
está Don Pedro olvidado,
¡ay!, jugando con las ramas.

Thamar y Amnón

Para Alfonso García-Valdecasas

La luna gira en el cielo
sobre las tierras sin agua
mientras el verano siembra
rumores de tigre y llama.
Por encima de los techos
nervios de metal sonaban.
Aire rizado venía
con los balidos de lana.
La tierra se ofrece llena
de heridas cicatrizadas,
o estremecida de agudos
cauterios de luces blancas.

***

Thamar estaba soñando
pájaros en su garganta,
al son de panderos fríos
y cítaras enlunadas.
Su desnudo en el alero,
agudo norte de palma,
pide copos a su vientre
y granizo a sus espaldas.
Thamar estaba cantando
desnuda por la terraza.
Alrededor de sus pies,

cinco palomas heladas.
Amnón, delgado y concreto,
en la torre la miraba,
llenas las ingles de espuma
y oscilaciones la barba.
Su desnudo iluminado
se tendía en la terraza,
con un rumor entre dientes
de flecha recién clavada.
Amnón estaba mirando
la luna redonda y baja,
y vio en la luna los pechos
durísimos de su hermana.

***

Amnón a las tres y media
se tendió sobre la cama.
Toda la alcoba sufría
con sus ojos llenos de alas.
La luz, maciza, sepulta
pueblos en la arena parda,
o descubre transitorio
coral de rosas y dalias.
Linfa de pozo oprimida
brota silencio en las jarras.
En el musgo de los troncos
la cobra tendida canta.
Amnón gime por la tela
fresquísima de la cama.

Yedra del escalofrío
cubre su carne quemada.
Thamar entró silenciosa
en la alcoba silenciada,
color de vena y Danubio,
turbia de huellas lejanas.
Thamar, bórrame los ojos
con tu fija madrugada.
Mis hilos de sangre tejen
volantes sobre tu falda.
Déjame tranquila, hermano.
Son tus besos en mi espalda
avispas y vientecillos
en doble enjambre de flautas.
Thamar, en tus pechos altos
hay dos peces que me llaman,
y en las yemas de tus dedos
rumor de rosa encerrada.

***

Los cien caballos del rey
en el patio relinchaban.
Sol en cubos resistía
la delgadez de la parra.
Ya la coge del cabello,
ya la camisa le rasga.
Corales tibios dibujan
arroyos en rubio mapa.

***

¡Oh, qué gritos se sentían
por encima de las casas!
Qué espesura de puñales
y túnicas desgarradas.
Por las escaleras tristes
esclavos suben y bajan.
Émbolos y muslos juegan
bajo las nubes paradas.
Alrededor de Thamar
gritan vírgenes gitanas
y otras recogen las gotas
de su flor martirizada.
Paños blancos, enrojecen
en las alcobas cerradas.
Rumores de tibia aurora
pámpanos y peces cambian.

***

Violador enfurecido,
Amnón huye con su jaca.
Negros le dirigen flechas
en los muros y atalayas.
Y cuando los cuatro cascos
eran cuatro resonancias,
David con unas tijeras
cortó las cuerdas del arpa.

ÍNDICE

ROMANCERO GITANO
de **Federico García Lorca**
se terminó de imprimir en Granada
el 2 de abril de 2024.
Tal día como hoy de 1940 se realiza la
primera publicación de *Poeta en Nueva York*,
de Federico García Lorca.